Tadpole Books are published by Jump!, 5357 Penn Avenue South, Minneapolis, MN 55419, www.jumplibrary.com

Editor: Jenna Gleisner   Designer: Molly Ballanger   Translator: Annette Granat

Photo Credits: LiliGraphie/iStock, cover; Nataly Studio/Shutterstock, 1; arapix/Shutterstock, 2tl, 3, 8–9; TabitaZn/Shutterstock, 2ml, 4–5; Creativa Images/Shutterstock, 2br, 6–7; SolStock/iStock, 2bl, 10–11; JOAT/Shutterstock, 2tr, 12–13; faidzzainal/iStock, 2mr, 14–15; Odua Images/Shutterstock, 16.

Library of Congress Cataloging-in-Publication Data

Names: Zimmerman, Adeline J., author.
Title: El Ramadán / Adeline J. Zimmerman.
Other titles: Ramadan. Spanish
Description: Minneapolis: Jump!, Inc., 2022. | Series: ¡festividades! | Includes index.
Audience: Ages 3–6 | In Spanish; translated from English.
Identifiers: LCCN 2021007521 (print)
LCCN 2021007522 (ebook)
ISBN 9781636901381 (hardcover)
ISBN 9781636901398 (paperback)
ISBN 9781636901404 (ebook)
Subjects: LCSH: Ramadan—Juvenile literature. | Fasts and feasts—Islam—Juvenile literature.
Islam—Customs and practices—Juvenile literature.
Classification: LCC BP186.4 .Z5618 2022 (print) | LCC BP186.4 (ebook) | DDC 297.3/62—dc23

# EL RAMADÁN

por Adeline J. Zimmerman

# TABLA DE CONTENIDO

tadpole
en español

# PALABRAS A SABER

comemos

damos

decoramos

festín

nos reunimos

rezamos

# EL RAMADÁN

Llegó el Ramadán.
Este dura un mes.

fanous

## Nosotros decoramos.

**Rezamos cada día.**

dátiles

# Comemos por la noche.

# Nos reunimos al final.

11

regalo

# Damos regalos.

# Tenemos un festín.

# ¡REPASEMOS!

El Ramadán dura un mes. La gente reza y ayuna. El Eid al-Fitr marca el fin. ¿Cómo celebra esta familia?

# ÍNDICE